AF395328

PÉTITION

DU CITOYEN BARTHELEMY GIGOT,

Ci-devant directeur des subsistances de l'armée de la Moselle, à la convention nationale.

Citoyens législateurs ;

LE 29 du mois dernier, vous avez rendu contre moi un décret d'arrestation et renvoyé au tribunal révolutionnaire, à prononcer sur les inculpations dont on a chargé ma conduite, comme directeur des subsistances de l'armée de la Moselle.

J'étois loin de penser que tel dût être le prix de quarante années d'un service aussi actif que désintéressé, dans cette partie importante de l'administration ; j'étois loin de penser que tel dût être le prix de ceux que j'ai rendu à la république, comme régisseur des subsistances

A

à l'armée des Ardennes , et que lorsque je recevois des généraux de cette armée un témoignage bien flateur de mon zèle pour la cause de la liberté , bientôt après ils apprendroient que celui qu'ils avoient publiquement regretté , seroit mis sous le glaive de la loi et accusé de malversation.

Citoyens législateurs , je n'ai point été effrayé de votre décret avant que j'en connusse les motifs, parce que j'étois aussi assuré de votre justice que de la régularité de ma conduite ; je me suis applaudi de ma sécurité, lorsque ces motifs m'ont été dévoilés ; parce qu'à l'instant même j'ai senti combien il me seroit facile de me justifier ; parce qu'alors je n'ai pu douter que les membres mêmes de la convention, qui m'ont accusé devant elle, deviendroient mes plus ardens défenseurs, et qu'il me suffiroit de leur montrer combien ils ont été trompés, pour que bientôt ils s'empressassent à me rendre la justice qui m'est due.

Les causes de l'accusation portée contre moi, sont que j'ai reçu 3oo,ooo liv. en numéraire, et plusieurs millions en assignats pour l'approvisionnement de Metz, et que je n'en ai rien fait, quoique j'en eusse contracté l'engagement ; que j'ai donné l'ordre de dégarnir une ville de première ligne pour en approvisionner une autre ; qu'ainsi je mettois l'une d'elles dans le cas d'être prise par l'ennemi.

Je vous supplie d'abord , citoyens législateurs , d'observer qu'il ne m'est fait aucun reproche sur les subsistances de l'armée; que le silence gardé sur cette partie essentielle de l'administration qui m'a été confiée, est lui seul une preuve de l'exactitude avec laquelle ce service a été fait, malgré les mouvemens imprévus, et quoique ces mouvemens aient été souvent prémédités sans que les préposés des subsistances aient été instruits.

Certes, si une partie de l'armée eut manqué dans sa marche , si , parvenue à sa destination , elle n'eût pas trouvé de quoi se substanter, bientôt les clameurs se seroient élevées contre moi, elles seroient parvenues jusqu'à la convention , et son enceinte en eût rétenti , sur-tout lorsqu'on m'accusoit devant elle.

Le défaut d'approvisionnement de la ville de Metz , le projet d'ouvrir à l'ennemi les portes de Thionville , en dégarnissant cette place sous le prétexte de venir au secours d'une autre ville ; voilà les seuls reproches auxquels je suis

en but, les seuls desquels j'aie à me justifier.

D'abord on a prétendu que j'avois reçu
des fonds particuliers pour approvisionner
Metz, et c'est une grande erreur ; les
fonds qui m'ont été délivrés n'ont jamais
eu qu'une destination générale, celle de
pourvoir aux subsistances de l'armée et
à l'approvisionnement des villes.

Ces fonds ont été employés ; le compte
de ma caisse est rendu ; il est arrêté par
le commissaire des guerres chargé de cette
opération ; il prouve une dépense de
20,000,000 liv. en moins de trois mois ; ce
compte est connu du commissaire-ordon-
nateur ; il est entre les mains du ministre
de la guerre et de l'administration des
subsistances ; il suffit seul pour me justifier de toute inculpation de négligence
dans l'emploi des fonds ; il répond au
reproche d'en avoir reçu pour approvisionner Metz, et de n'en avoir rien
fait.

Mais ce n'est pas assez pour justifier
ma conduite. Je suis coupable, sans
doute, s'il s'est offert des moyens de
remplir les greniers de cette ville, et si
j'ai négligé de les employer ; je suis coupable si j'ai à me reprocher de n'avoir
pas fait connoître ces moyens à l'admi-

nistration , afin qu'elle en facilitât l'exécution ; je suis coupable enfin si elle m'a
procuré des ressources , et que j'aie négligé d'en faire usage lorsque je le pou-
vois.

C'est sans doute de ces fautes dont on
a voulu m'accuser devant la convention ,
lorsqu'on a dit que j'avois reçu 300,000
livres en numéraire , et que je ne les
avois pas employées , et lorsqu'on a mis
en opposition l'état des greniers au moment où j'ai été suspendu de l'exercice
de ma place , avec l'état où ils se trouvent
maintenant.

Mais qu'elles sont donc ces ressources
qui s'offroient aux agens des subsistances
militaires , et auxquelles ils n'ont pas eu
recours ? Où pouvoient-elles être à l'épo-
que où je suis arrivé à Metz , au commence
d'avril , temps auquel tous les approvisionnemens , tant en bled qu'en farine ,
devoient être faits pour la campagne ,
tandis qu'il n'existoit rien dans les greniers qui excédât le besoin du moment ?
Où pouvoient-elles être , lorsque toutes
les administrations , inquiètes de la subsistance du peuple , venoient à chaque
instant implorer les secours de l'assemblée ?
Où étoient-elles , ces ressources, lorsque
par-tout le peuple allarmé , s'opposoit

aux transports , et réduisoit à l'inaction ceux qui avoient traité avec les agens de l'administration des subsistances militaires ? Où étoient-elles , lorsque la loi défendoit d'acheter ailleurs que sur les marchés , et lorsque les magistrats du peuple voyoient avec douleur que le père de famille ne pouvoit s'y approvisionner ? Où étoient-elles , lorsque l'administration de département annonçoit , dans une délibération du 27 juillet, *que la presse sur les marchés étoit telle, que tout achat est devenu impossible aux agens des subsistances de l'armée et aux boulangers. Qu'inutilement ils ont été autorisés à traiter chez les particuliers, qui, par la même raison, s'y sont refusés.*

Que ces difficultés étant générales, les versemens dans les magasins ont été interrompus, et qu'on auroit à craindre un vuide prochain si des mesures efficaces n'étoient prises ? Où étoient-elles , lorsque ces mêmes administrateurs réduisoient les propriétaires et cultivateurs à un mois d'approvisionnement, pour les forcer d'amener l'excédant sur les marchés , lorsqu'ils gémissoient, et d'être contraints d'employer ces moyens extrêmes et de la foiblesse de leur résultat ? Où étoient-elles , lorsque toutes les administrations aspiroient après l'instant de la récolte comme après le seul port qui s'offrit à elles ? Où étoient-elles, enfin, lorsque l'inspecteur des subsistances de Metz recevoit le 14 août de l'administration, la lettre suivante :

Nous avons reçu, citoyen, les trois lettres que vous nous avez écrites les 3, 5 et 7 de ce mois.

La première, en réponse aux nôtres des 28 et 29 juillet ; elle accompagnoit les mouvemens du magasin de Metz, des 1.er et 2 août, et nous fait des observations sur la modique somme de 500,000 livres que nous avons annoncée le 28 juillet, pour le service des vivres, vous aurez été rassuré sur l'objet des fonds, par notre lettre du 4 août, qui vous a porté l'avis d'une nouvelle remise de 1,500,000 livres, uniquement applicable à des achats de grains.

Votre lettre du 5 répond à notre lettre du 31 juillet, et nous rapporte une copie du travail que nous avions fait, pour vous indiquer les ressources que nous comptions tirer de l'intérieur, pour venir au secours de l'armée et des garnisons de la Moselle, auquel vous avez ajouté des observations, pour démontrer que lesdites ressources se réduisent à ce qui vous est parvenu de Châlons ; malheureusement il n'est que trop vrai que vous ne devez plus compter sur la majeure partie de ce qui vous avoit été destiné ; les besoins des places qui devoient vous verser, ont fait retenir les envois ; le retour des troupes de la garnison de Mayence a absorbé une partie de ces mêmes approvisionnemens, et enfin plusieurs gardes-magasins ont été détournés des expéditions qu'ils devoient faire, parce qu'ils ont entrevu l'impossibilité d'assurer leur service par de nouveaux achats.

Si donc les magasins de l'intérieur se trouvent dans l'impuissance de fournir des secours à l'armée de la Moselle, la cause en provient en partie de ce que la circulation des grains n'est libre nulle part, et plus particulièrement encore, de ce que la loi du *maximum* a arrêté les achats dans toute l'étendue de la république, loi contre laquelle nous n'avons cessé de réclamer, et sur laquelle nous avons constamment sollicité une modification en faveur de notre service, sans avoir pu l'obtenir.

Nous vous avons fait expédier de l'intérieur tous les approvisionnemens dont nous avons pu disposer ; nous avons donné des ordres de faire des achats par-tout où il seroit possible d'en faire ; et comme le garde-magasin de Châlons nous a fait espérer qu'il se procurera, d'ici au 20 courant, encore 10,000 quintaux de grains, nous lui avons donné ordre de les verser sur Metz et de forcer ses envois le plus que possible.

Le citoyen Pentigny nous a annoncé aussi qu'il trouveroit un millier de sacs de froment dans les environs de Nogent ; s'il les obtient, il les fera moudre et les fera partir pour Metz, si toutefois il ne survient quelque nouvel empêchement pour le transport.

Enfin dans cette circonstance critique, il faut tenter de se procurer promptement des fromens, et même une partie des seigles de la nouvelle recolte ; faites tous vos efforts pour y parvenir, et requerez à cet effet l'autorité des représentans ; on nous flatte aussi que la convention nationale est sur le point de rendre un décret qui forcera les cultivateurs à livrer une certaine quantité de grains, pour assurer le service des armées.

Votre lettre du 7 nous a transmis l'état des recettes et dépenses en deniers, tant de l'armée, que de la direction, pendant le mois de juillet dernier, ainsi que les mouvemens du magasin de Metz, des 3, 4, 5, 6 et 7 du courant, dont nous vous remercions.

Elle nous fait aussi la demande d'une quantité de moulins à bras suffisante pour pouvoir moudre trente sacs par jour dans chacune des places de Longwy et de Sarlibre, en cas qu'elles soient investies. Nous avons bien entendu parler d'une nouvelle invention de moulins à bras, qui a obtenu l'approbation de la convention ; mais nous n'en connoissons ni la mécanique, ni l'effet : on nous a promis des renseignemens à cet égard pour demain, et si le rapport qui nous sera fait est favorable, nous ferons ensorte de nous en procurer, et de les faire expédier pour Metz, mais il est à craindre qu'on n'en trouve pas de tout faits.

Les administrateurs des subsistances militaires.

Voilà donc l'état déplorable auquel l'administration se trouvoit réduite.

Mais s'il n'existoit nulle part des subsistances qui pussent être enmagasinées, qu'importe qu'il y ait eu entre les mains des agens, des fonds pour en payer le prix ; on ne peut faire du bled avec de l'or, la terre seule peut en produire.

Que la convention ne pense pas cependant, qu'au milieu de cette pénurie de denrées, j'aie négligé aucuns des moyens qui pouvoient procurer quelques approvisionnemens ; il existe des traités tous connus, et par les représentans du peuple près de l'armée de la Moselle, et par l'administration générale, pour 84200 sacs de bled, destinés à l'approvisionnement des villes frontières, et sur ces traités il n'en est entré, dans les magasins, que 4903 sacs.

Les représentans du peuple connoissent les causes de l'inexécution de ces traités ; ils savent qu'elles ont été invincibles ; ils savent pourquoi, sur 26,000 sacs qu'un administrateur d'un département limitrophe s'étoit engagé de procurer , on n'a pu obtenir que le versement de 810 , et encore en s'exposant à de grands dangers.

Ils savent qu'après s'être eux - mêmes concertés avec le citoyen Zacharias pour un achat de 20,000 sacs chez l'étranger , cet agent n'en a pu fournir que 1940.

Les citoyens Meignen , Moribond-Montaut , et Gentil (du Mont-Blanc) savent qu'ils avoient donnés au citoyen Vital les pouvoirs nécessaires pour l'achat de 30,000 sacs chez l'étranger , qui devoient être délivrés dans le courant de juillet et d'août , et que cette mesure n'a produit que l'achat de 5500 sacs , qu'il n'a pas encore été possible de faire parvenir sur le territoire de la république.

Quel est donc , dans ces circonstances , le crime qu'on peut imputer aux préposés des subsistances ? quel est celui dont je peux être raisonnablement accusé ?

J'ai reçu 300,000 liv. en numéraire , et je ne les ai pas employées. Non , je ne les ai pas reçues , c'est un erreur facile à démontrer. Réduit à l'impossibilité d'obtenir des approvisionnemens de l'intérieur , j'ai conçu l'espoir d'en acheter chez l'étranger ; j'ai fait part de cette ressource , et il a été mis à ma disposition 300,000 liv. en numéraire ; c'est d'après cette assurance qu'il a été traité avec le citoyen Zacharias , et j'ai déjà dit quel avoit été le résultat de ce traité.

Aussi n'ai-je pas sorti de la caisse du payeur général les 3oo,ooo liv. pour les verser dans la mienne, parce que j'ai pensé que cette somme n'en devoit être tirée que lorsqu'il étoit nécessaire d'effectuer les paiemens. La preuve de cette dernière assertion sort de l'état de situation arrêté entre le payeur général et moi ; en voici la copie :

TRÉSORERIE NATIONALE.

ARMÉE DE LA MOSELLE.

ÉTAT des sommes versées au citoyen GIGOT, régisseur des subsistances militaires sur les 3oo,ooo livres mises à sa disposition par les représentans du peuple, suivant les récépissés ci-après détaillés : savoir ;

Un récépissé daté de Saarbruck le 17 juillet dernier , de   100,000 liv.

Autre daté du même lieu le 29 dudit mois, de   7200

TOTAL...... 107200

Surquoi déduire pour versement fait par ledit citoyen Gigot dans la caisse du payeur de

Ci-contre...........107200

Sasrelibre , dont il lui a été fourni les récépissés ci-après : savoir ;

Un du 20 juillet . de	3982 l.	
Un autre du 9 du mois d'août suivant , ci	42006	45988 liv.

Partant le Citoyen Gigot n'a reçu que   61212

Ladite somme de 61212 livres sur celle de 300,000 l,
qui étoit à sa disposition.

A Metz le 3 septembre 1793 , l'an deuxième de la
République.

Le Payeur général de l'armée , *Signé* , SCITIVAUX.

Je n'ai donc réellement reçu que cette
somme de 61,212 livres. J'ai déja dit
comment l'excédent étoit resté infruc-
tueux, parce que les moyens d'emploi
avoient manqué.

Et si ces moyens avoient existé alors,
pourquoi donc maintenant ne les met-
troit-on pas en usage ? qu'est-ce qui les
auroit fait disparoître ? Où sont les subsistances que j'aurois pu me procurer ?
L'instant de la récolte est arrivé , et
les magasins se remplissent , parce que
les représentans du peuple requièrent les
laboureurs de battre leurs grains , et
parce que ceux-ci répondent à leurs réquisitions.

Recourroient -ils à cette ressource qui approche de la contrainte ; à cette ressource que la nécessité seule justifie s'il en existoit d'autres que j'eusse négligé d'employer ? L'usage de·ce moyen opère seul ma justification, et je dois croire que si la convention nationale n'eût été entraînée par une dénonciation véhémente, que si à la prétendue négligence apportée à l'approvisionnement de la ville de Metz, on n'avoit ajouté le projet de dégarnir la ville de Thionville, jamais elle n'eût prononcée le décret d'accusation contre moi.

Je dois maintenant répondre à cette dernière inculpation, et je le pourrois d'un mot ; il consisteroit à dire que dès ce moment je n'agissois plus, qu'alors la malveillance qui me poursuit avoit déjà fait prononcer ma suspension, et que par conséquent j'ai été sans aucune influence dans ce prétendu projet de trahison.

Mais je dois dire ce qui s'est fait alors, puisque je suis parvenu à m'en instruire ; je dois en mettre la preuve sous les yeux de la convention, puisque j'ai pu me la procurer : je le dois, pour montrer comment on parvient à surprendre les législateurs pour sacrifier un individu ; comment on parvient à rendre suspects les

15

agens , au grand détriment de la chose
publique ; comment enfin , ou par des
vues trop étroites ou par méchanceté ,
on parvient à criminaliser les opérations
les plus salutaires , les plus indispensa-
bles ; je me contenterai de dire les faits.

Il paroît qu'avant le 21 août, le citoyen
Patocky , celui qui m'a succédé dans la
place de directeur des subsistances à
Metz , avoit conçu le projet de tirer des
magasins de Thionville , pour subvenir
aux besoins des autres magasins de la
direction de Metz ; cette anecdote est
prouvée par une lettre de ce jour 21
août , adressée à ce directeur par les
administrateurs généraux.

La place de Thionville, lui disoient-
ils , étant pourvue d'approvisionnemens
au-delà de ce qu'il en faut pour l'état
de siège , il est très-bien que vous ayez
tenté d'en tirer mille à deux mille sacs ;
et dans l'état de détresse où se trouvoient
les autres magasins de la direction de
Metz ; nous ne formons aucun doute que
les représentans du peuple n'aient adopté
cette mesure , et employé leur autorité
pour la faire exécuter.

Le projet formé par le citoyen Patocky ,
approuvé par l'administration générale ,
n'a pas eu son exécution , j'en ignore les

causes ; mais il paroît que le langage des administrateurs généraux , au 21 août ; a dicté la démarche des employés des subsistances , près le général Krieg , commandant en chef à Metz.

Le 25 du même mois, le citoyen Lardemelle , garde-magasin des vivres à Metz , écrit au citoyen Patocky ; il lui fait part de la perplexité dans laquelle le jette la stagnation des moulins , causée par la grande sécheresse ; ce n'est pas sans beaucoup de peine qu'il est parvenu à assurer la subsistance de l'armée pour les quatre derniers jours du mois, il faut attendre les moutures et les mettre au pétrin à mesure qu'elles sortent des moulins.

Il ne peut répondre de la distribution du 31 pour les quatre premiers jours de septembre , si on ne vient à son secours ; il ne voit d'autres ressources que les magasins de Thionville , qui peuvent céder six cents sacs de farines blutées , sur 4000 qu'ils renferment , sur-tout l'approvisionnement de siège de cette ville étant au-delà du complet.

Ce versement lui paroît indispensable ; il presse le directeur pour qu'il fasse toutes les démarches qui peuvent l'opérer , et alors il croit pouvoir répondre du service.

C'est

C'est d'après cet avertissement du garde-
magasin que les employés des subsistances ont demandé que le général Krieg
interposât et sa médiation, et la con-
fiance à laquelle il a tant de droit pour
faire opérer ce versement auquel il paroît
qu'on s'attendoit à éprouver des obstacles
de la part des citoyens ou administrateurs de Thionville, quoiqu'il ne dût
opérer aucune diminution dans les approvisionnemens de la ville, puisqu'on
offroit 600 sacs de bled en échange de
600 sacs de farine. La pétition termine
en ces termes :

*C'est donc , citoyen général, 600 sacs
de farine qui sauveront l'armée de la
république , et qui donneront le temps
de recueillir le peu de production de nos
moulins; c'est , dis-je , 600 sacs de
farine que nous demandons en échange
de 600 sacs de grains , qui , en soutenant
notre armée, empêcheront l'ennemi d'atta-
quer la ville qui viendra à notre secours.*

Ce langage dicté par le désir ardent
de servir la chose publique , excita le
zèle du général ; le lendemain il se
transporta à Thionville, accompagné d'un
commissaire du pouvoir exécutif ; ils
parviennent à vaincre l'obstination des
corps administratifs de cette ville ; l'é-

change se fait , et le service des subsistances n'a point été interrompu.

Voilà donc cette opération dont le
projet a été présenté à l'assemblée comme
une perfidie , comme une trahison ; voilà
cette opération qui, autorisée par l'administration générale des subsistances , sol-
licitée par le besoin le plus extrême, a
cependant été transformée en une perfidie,
dont le but étoit de livrer à l'ennemi
l'une de nos places frontières les plus
importantes.

Citoyens législateurs , si le résultat de
l'erreur dans laquelle l'assemblée a été
plongée , lorsque sur cette inculpation elle
a adopté le projet du décret rendu contre
moi, ne devoit être que de compromettre
un instant la liberté d'un citoyen , ce
seroit un sacrifice qu'il devroit à sa pa-
trie ; la rigueur en seroit adoucie par
l'espoir de voir son innocence hautement
proclamée.

Mais cette erreur menace d'une con-
séquence plus fâcheuse , elle entretient
cet esprit d'égoïsme qui, tout à l'heure,
a été amèrement reproché à plusieurs
communes de la république dans le sein
de la convention, cet égoïsme par l'effet
duquel chaque commune s'isole et pré-
pare des obstacles aux opérations les plus

nécessaires , c'est ainsi que l'administration générale a été empêchée de verser
des approvisionnemens dans les villes
frontières ; c'est ainsi que dans ce moment encore , et lorsque nous devrions
jouir de l'abondance que nous assure une
heureuse récolte , les réquisitions mêmes
des représentans du peuple éprouvent
quelques obstacles dans leur exécution.

Citoyens législateurs , c'est ainsi que
l'intérêt général s'unit au mien pour réclamer votre justice en ma faveur. Malgré la pénurie des comestibles , le service
des armées n'a pas langui un seul instant;
si Metz, si d'autres villes de la frontière
n'ont pas été suffisamment approvision-
nées , c'est à des circonstances impérieuses
qu'il faut attribuer cette espèce de dé-
nuement , et non à la négligence ou à la
perfidie des agens de l'administration des
subsistances.

Il s'est fait un échange des magasins
de Thionville avec ceux de Metz ; cette
précaution n'est pas de moi , et si l'on
pouvoit me l'attribuer , je m'en applaudi-
rois , puisque je pourrois dire que j'ai encore une fois servi la chose publique , en
assurant la subsistance de l'armée.

J'espère donc , citoyens législateurs ,
que frappés de la justification que je viens

de vous proposer , vous daignerez révo-
quer le décret porté contre moi. Rendu
à ma liberté , je contracte l'engagement
solemnel de rendre le compte le plus exact
de mon administration ; il m'importe que
ce compte soit entendu , parce qu'il m'importe de recouvrer l'estime de mes con-
citoyens , devant lesquels je suis accusé.

Signé , GIGOT.

A METZ,

DE L'IMPRIMERIE DE COLLIGNON.

1793.